Impressum
Verlag: BABADADA GmbH, Nedderfeld 112 , 22529 Hamburg
Geschäftsführer / Verlagsleitung: Harald Hof
Druck: Books on Demand GmbH, In de Tarpen 42, 22848 Norderstedt

Imprint
Publisher: BABADADA GmbH, Nedderfeld 112 , 22529 Hamburg, Germany
Managing Director / Publishing direction: Harald Hof
Print: Books on Demand GmbH, In de Tarpen 42, 22848 Norderstedt, Germany

paaralan

اسکول

silid-aralan
کمرہ جماعت
bawasin
تقسیم کریں
186/2
pisara
بورڈ
bakuran ng paaralan
سکول کا صحن
guro
اُستاد
papel
کاغذ
sumulat
لکھنا
pen
قلم
mesa
میز
ruler
پیمانہ
aklat
کتاب
mag-aaral
شاگرد

satchel

بستہ

lalagyan ng lapis

پینسل کیس

lapis

پینسل

pantasa

پینسل شارپنر

goma

ربڑ

drowing pad

ڈرائنگ پیڈ

2 paaralan - اسکول

drowing

ڈرائنگ

pinsel na pampinta

پینٹ برش

kahon ng pinta

پینٹ باکس

gunting

قینچی

pandikit

گوند

aklat para sa pagsasanay

مشق کی کاپی

takdang-aralin

ہوم ورک

numero

ہندسہ

dagdagan

جمع کریں

bawasin

منفی کریں

paramihin

ضرب دیں

kalkulahin

شمارکریں

liham

خط

alpabeto

حروف تہجی

salita

لفظ

teksto

متن

basahin

پڑھنا

yeso

چاک

leksyon

سبق

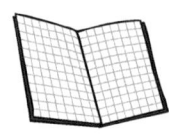

rehistro

اندراج

eksaminasyon

امتحان

sertipiko

سند

uniporme sa paaralan

سکول یونیفارم

edukasyon

تعلیم

encyclopedia

انسائیکلوپیڈیا

unibersidad

یونیورسٹی

mikroskopyo

خورد بین

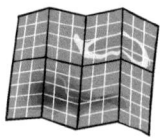

mapa

نقشہ

basurahan ng papel

ویسٹ پیپر باسکٹ

hotel
ہوٹل
hostel
ہاسٹل
tanggapan ng palitan ng pera
رقم تبدیل کرانے کیلئے دفتر
maleta
سوٹ کیس
kotse
کار

wika

زبان

oo / hindi

ہاں / نہیں

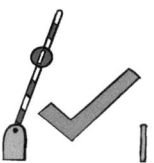

Okey

ٹھیک ہے

kumusta

ہیلو

tagapagsalin

مُترجم

Salamat

شُکریہ

magkano ang...?

ـــ کی کیا قیمت ہے؟

Hindi ko maintindihan

میں نہیں سمجھتا

problema

مشکل

Magandang gabi!

شام بخیر!

Magandang umaga!

صبح بخیر!

Magandang gabi!

شب بخیر!

paalam

الوداع

direksyon

سمت

bahage

سفری سامان

bag

بیگ

napsak

بیگ پیک

panauhin

مہمان

silid

کمرہ

sakong tulugan

سلیپنگ بیگ

tolda

ٹینٹ

impormasyon ng turista

سياحوں کے لئے معلومات

dalampasigan

ساحل

credit card

کریڈٹ کارڈ

almusal

ناشتہ

tanghalian

لنچ

hapunan

ڈنر

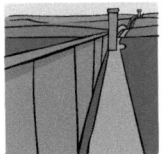

tiket

ٹکٹ

elebeytor

لفٹ

selyo

مُہر

hangganan

سرحد

adwana

کسٹمز

embahada

سفارت خانہ

visa

ویزا

pasaporte

پاسپورٹ

transportasyon
نقل وحمل

eruplano
ہوائی جہاز
barko
سمندری جہاز
bomba
آگ بُجھانے والی گاڑی
bus
بس
trak
ٹرک
banggang demotor
موٹربوٹ
kotse
کار
bisikleta
سائیکل

lantsang pantawid

فیری

bangka

کشتی

motorsiklo

موٹرسائیکل

sasakyan ng pulis

پولیس کار

kotseng pangkarera

ریسنگ کار

nirerentahang kotse

کرایہ پرکار

car sharing

کارکا اشتراک کرنا

trak na panghila

کھینچنےوالا ٹرک

trak na pantapon ng basura

کوڑے والا ٹرک

motor

کار

panggatong

ایندھن

gasolinahan

پٹرول اسٹیشن

karatula ng trapiko

ٹریفک کےنشانات

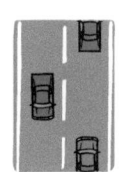

trapiko

ٹریفک

masikip na trapiko

ٹریفک جام

paradahan ng kotse

کارپارک

estasyon ng tren

ٹرین اسٹیشن

riles

پٹڑیاں

tren

ٹرین

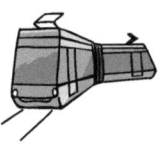

trambya

ٹرام

wagon

ویگن

helikopter

ہیلی کاپٹر

paliparan

ائرپورٹ

tore

ٹاور

pasahero

مسافر

sisidlan

کنٹینر

karton

ڈبہ

kariton

ریڑھا

basket

ٹوکری

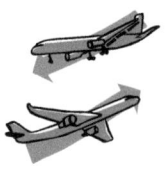

umalis / lumapag

اُڑان بھرنا / زمین پراُترنا

lungsod

شہر

nayon

گاؤں

sentro ng lungsod

سٹی سنٹر

bahay

مکان

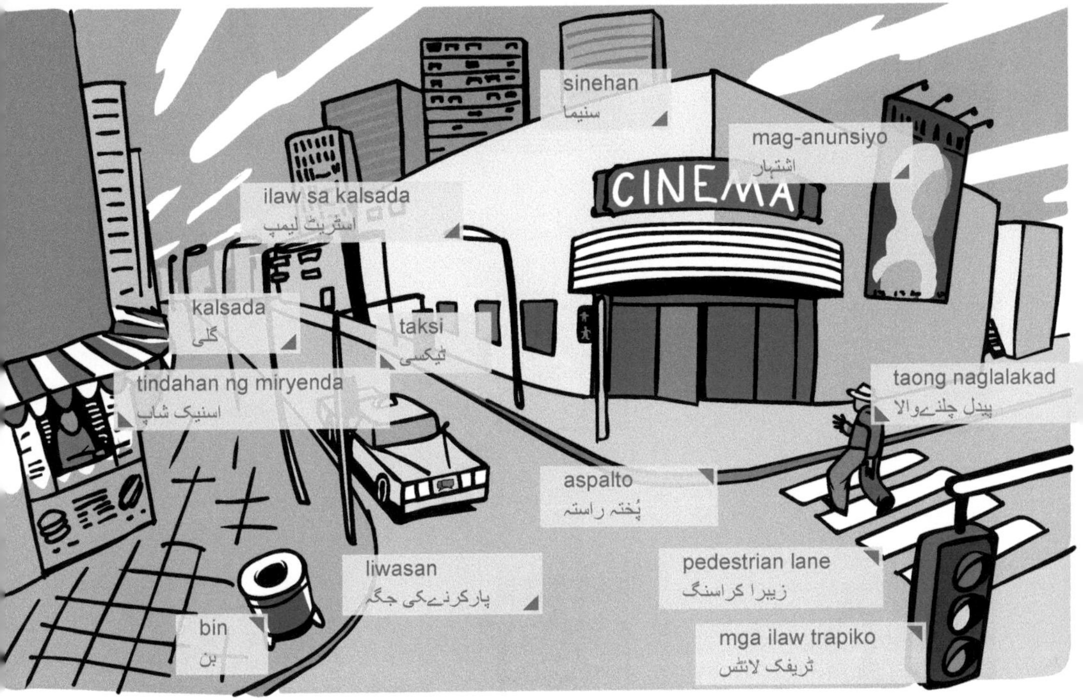

sinehan
سینما

mag-anunsiyo
اشتہار

ilaw sa kalsada
اسٹریٹ لیمپ

CINEMA

kalsada
گلی

taksi
ٹیکسی

tindahan ng miryenda
اسنیک شاپ

taong naglalakad
پیدل چلنے والا

aspalto
پُختہ راستہ

liwasan
پارک کرنے کی جگہ

pedestrian lane
زیبرا کراسنگ

bin
بن

mga ilaw trapiko
ٹریفک لائٹس

kubo
ہٹ

patag
فلیٹ

estasyon ng tren
ٹرین اسٹیشن

munisipyo
ٹاؤن ہال

museo
عجائب گھر

paaralan
اسکول

unibersidad

یونیورسٹی

bangko

بینک

ospital

ہسپتال

hotel

ہوٹل

parmasya

فارمیسی

opisina

دفتر

tindahan ng aklat

کتابوں کی دکان

tindahan

دکان

tindahan ng bulaklak

پھولوں کی دُکان

supermarket

سُپرمارکیٹ

palengke

مارکیٹ

department store

ڈیپارٹمنٹ سٹور

tindahan ng isda

مچھلی کی دُکان

sentrong pamilihan

شاپنگ سنٹر

daungan

بندرگاہ

parke

پارک

bangko

بنچ

tulay

پُل

hagdan

سیڑھیاں

underground

انڈرگراؤنڈ

tunel

سرُنگ

hintuan ng bus

بس اسٹاپ

bar

شراب خانہ

restawran

ریسٹورنٹ

kahon ng koreo

پوسٹ باکس

karatula sa kalsada

اسٹریٹ سائن

metro ng paradahan

پارکنگ میٹر

zoo

چڑیا گھر

swimming pool

سوئمنگ پول

moske

مسجد

bukid

کھیت

polusyon

آلودگی

libingan

قبرستان

simbahan

چرچ

palaruan

کھیل کا میدان

templo

مندر

tanawin

منظر

dahon
پتہ
posteng pananda
رہنمائی کے لئے لگا ہوا بورڈ
daan
راستہ
parang
سبزہ زار
bato
پتھر
hiker
پیدل چلنے والا، ہائکر
kahoy
درخت
ilog
دریا
damo
گھاس
bulaklak
پھول

lambak

وادی

burol

پہاڑی

look

جھیل

kagubatan

جنگل

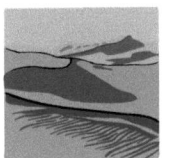

disyerto

صحرا

bulkan

آتش فشاں

kastilyo

قلعہ

bahaghari

قوس قزح

kabute

کھمبی

palmera

کجھورکا درخت

lamok

مچھر

langaw

مکھی

langgam

چیونٹی

bubuyog

مکھی

gagamba

مکڑا

salagubang

بھونرا

palaka

مینڈک

ardilya

گلہری

parkupino

خارپُشت

liyebre

خرگوش

kuwago

اُلو

ibon

پرندہ

sisne

راج ہنس

bulugan

سؤر

usa

ہرن

moose

امریکی بارہ سنگھا

dam

ڈیم

turbina ng hangin

ہوا سے چلنے والی ٹربائین

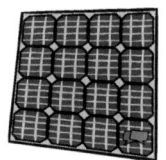

solar panel

سولر پینل

klima

آب وہوا

restawran
ریسٹورنٹ

waiter
ویٹر
putahe
مینیو
silya
sopas
سوپ
pizza
پیزا
kubyertos
mantel
ٹیبل کلاتھ

panimula

اسٹارٹر

pangunahing pagkain

مین کورس

panghimagas

ڈیزرٹ

inumin

مشروبات

pagkain

کھانے کی اشیاء

bote

بوتل

fastfood

فاسٹ فوڈ

pagkaing kalye

اسٹریٹ فوڈ

tsarera

چائےدانی

panutsa

شوگرباکس

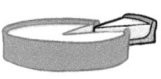

bahagi

حصہ

espresso machine

ایسپریسو مشین

mataas na upuan

اونچی کُرسی

bayarin

بل

bandehado

ٹرے

kutsilyo

چھُری

tinidor

کانٹا

kutsara

چمچ

kutsarita

چائےکا چمچ

serviette

سرویئیٹی

baso

شیشہ

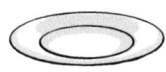

pinggan

پلیٹ

platong pansopas

سوپ پلیٹ

platito

طشتری

sawsawan

چٹنی

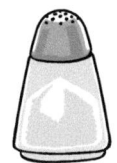

pangkalog ng asin

سالٹ شیکر

panggiling ng paminta

پیپرمل

suka

سرکہ

langis

خوردنی تیل

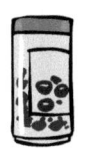

pampalasa

مصالحے

ketsup

کیچپ

mustasa

سرسوں

mayonnaise

میئونیز

supermarket

سُپرمارکیٹ

espesyal na alok
خصوصی پیشکش
FOR
kustomer
گاہک
produktong mantikilya
ڈیری
prutas
پھل
troli
ٹرالی

butser

گوشت کی دُکان

panaderya

بیکری

timbang

وزن کرنا

mga gulay

سبزیاں

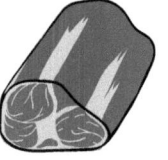

karne

گوشت

pinalamig na pagkain

جما ہوا کھانا

malamig na karne

کولڈ کٹس

delatang pagkain

ڈبےمیں بند کھانا

pulbos na panlaba

واشنگ پاؤڈر

matatamis

مٹھائیاں

mga produktong pambahay

گھریلو مصنوعات

mga produktong panlinis

صاف کرنےکیلئےمصنوعات

tindera

سیلزپرسن

cash register

کیش رجسٹر

kahera

کیشئیر

listahan ng pinamili

خریداری کی فہرست

oras ng pagbubukas

اوقات کار

pitaka

بٹوہ

credit card

کریڈٹ کارڈ

bag

تھیلا

plastik bag

پلاسٹک کےتھیلے

inumin
مشروبات

tubig

پانی

juice

جوس، رس

gatas

دودھ

coke

کوک

alak

وائن

serbesa

بیئر

alak

الکوحل

kakaw

کوکوآ

tsaa

چائے

kape

کافی

espresso

ایسپریسو

cappuccino

کیپاچینو

pagkain

کھانےکی اشیاء

saging

کیلا

mansanas

سیب

kahel

مالٹا

melon

خربوزہ

limon

لیموں

carrot

گاجر

bawang

لہسن

kawayan

بانس

sibuyas

پیاز

kabute

کھُمبی

mani

اخروٹ، بادام وغیرہ

noodles

نوڈلز

spaghetti

اسپیگیٹی

bigas

چاول

ensalada

سلاد

chips

چپس

pritong patatas

تلے گئے آلو

pizza

پیزا

hamburger

ہیم برگر

sandwich

سینڈوچ

piraso ng karneng walang buto

کٹلیٹ

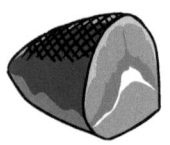

hamon

سؤر کی ران کا گوشت

salami

گوشت کی اطالوی ساسیج

tsoriso

ساسیج

manok

مُرغی

inihaw

روسٹ

isda

مچھلی

mga porridge oat

جئی کا دلیہ

muesli

میوزلی

cornflakes

کارن فلیکس

harina

آٹا

croissant

کروئیسنٹ

rolyong tinapay

بریڈ رول

tinapay

بریڈ

tostado

ٹوسٹ

biskuwit

بسکٹ

mantikilya

مکھن

keso

دہی

keyk

کیک

itlog

انڈا

pritong itlog

فرائی کیا گیا انڈہ

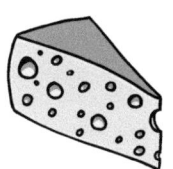

keso

پنیر

sorbetes

آئس کریم

asukal

چینی

pulot

شہد

jam

جام

tsokolateng pinapahid

ناؤگٹ کریم

curry

سالن

bahay sa bukid
فارم ہاؤس

bungkos ng dayami
تنکوں کی گانٹھ

kamalig
کھلیان

palayan
کھیت

kabayo
گھوڑا

treyler
ٹریلر

bisiro
گھوڑے کا بچہ

traktora
ٹریکٹر

asno
گدھا

tupa
بھیڑ

tupa
میمنہ

kambing

بکری

baka

گائے

guya

بچھڑا

baboy

سؤر

biik

سؤر کا بچہ

toro

سانڈ

gansa

راج ہنس

pato

بطخ

sisiw

چوزہ

inahin

مُرغی

katyaw

مُرغا

daga

چوہا

pusa

بلی

daga

چوہا

kapong baka

بیلچہ

aso

کُتا

bahay ng aso

کُتے کا گھر

hose sa hardin

گارڈن ہاؤس

latang pandilig

پانی کا کین

haras

درانتی

araro

ہل

karit

درانتی

asarol

بیلچہ

tuhugin

ترنگل

palakol

کلہاڑا

karitela

ہتہ گاڑی

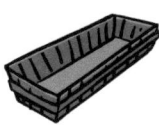

sabsaban

حوض

lata ng gatas

دودھ کا کین

sako

تھیلا

bakod

باڑ

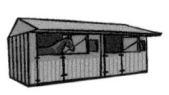

kuwadra

اصطبل

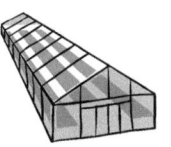

punlaan

گرین ہاؤس

lupa

مٹی

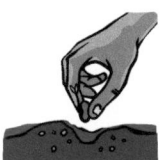

buto

بیج

pataba

فرٹیلائیزر

combine harvester

کمبائن ہارویسٹر

mag-ani

فصل کاٹنا

ani

فصل کاٹنا

yams

افریقی آلو

trigo

گندم

soya

سویا

patatas

آلو

mais

مکئی

rapeseed

توریا کا تیل

kahoy na namumunga

پھلداردرخت

kamoteng kahoy

کساوا

siryal

دلیہ

bahay
مکان

pausukan
چمنی
bubong
چھت
paagusang tubo
نیچے جانے والا پائپ
bintana
کھڑکی
garahe
گیراج
timbre
دروازے کی گھنٹی
pinto
دروازہ
basurahan
کوڑے کی ٹوکری
kahon ng sulat
لیٹر باکس
hardin
گارڈن

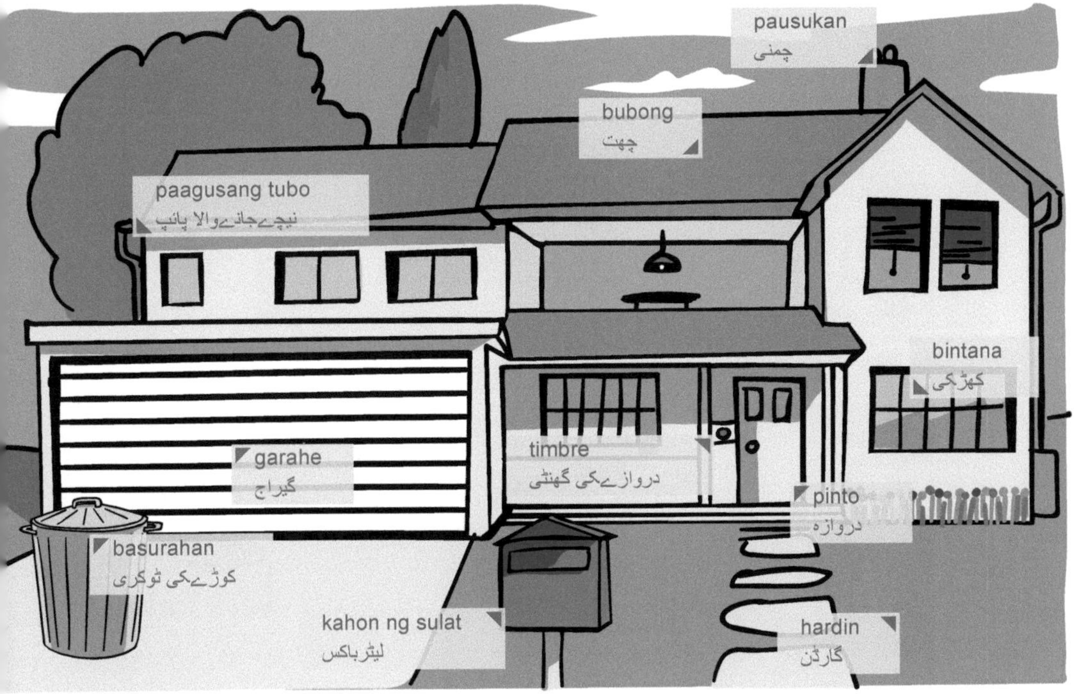

salas
....
لوونگ روم

palikuran
....
غُسل خانہ

kusina
....
باورچی خانہ

silid-tulugan
....
بیڈروم

silid ng bata
....
بچوں کا کمرہ

hapag-kainan
....
کھانے کا کمرہ

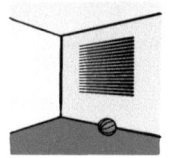

sahig

....

فرش

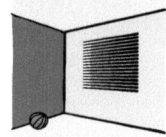

pader

....

دیوار

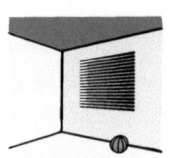

kisame

....

چھت

bodega ng alak

....

تہ خانہ

sauna

....

سوانا

balkonahe

....

بالکونی

terasa

....

ٹیریس

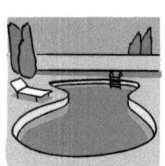

pool

....

پول

pamputol ng damo

....

گھاس کاٹنے کی مشین

piraso ng papel

....

چادر

kobrekama

....

چادر

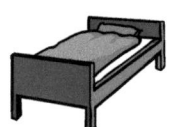

higaan

....

بستر

walis

....

جھاڑو

timba

....

بالٹی

pindutan

....

سوئچ

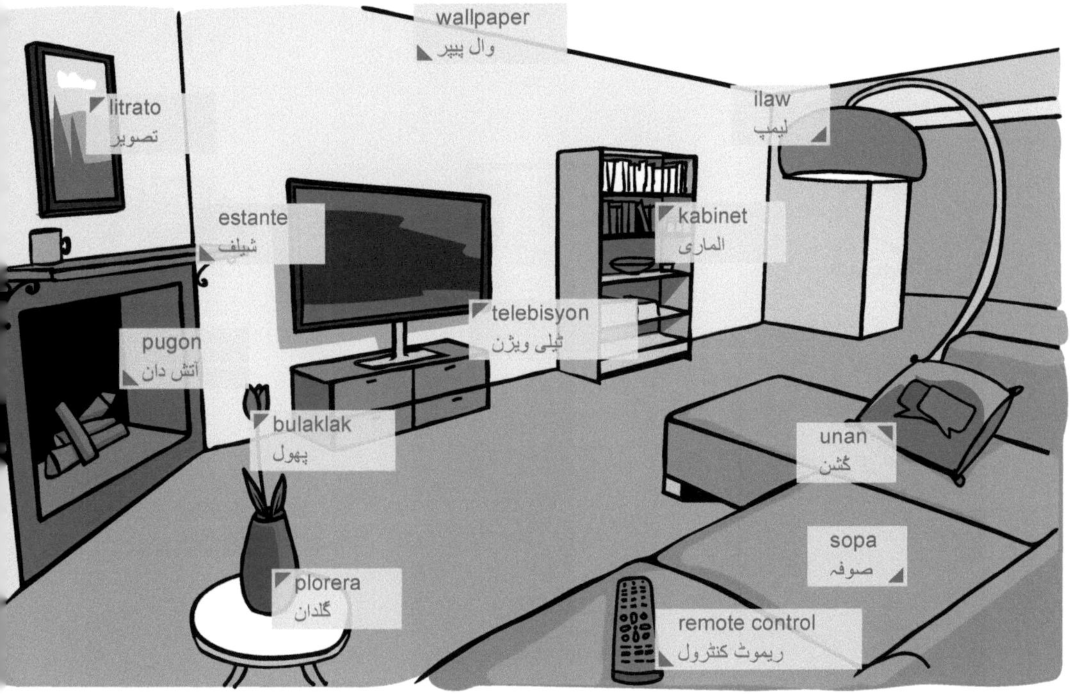

wallpaper
وال پیپر

litrato
تصویر

ilaw
لیمپ

estante
شیلف

kabinet
الماری

pugon
آتش دان

telebisyon
ٹیلی ویژن

bulaklak
پھول

unan
گشن

sopa
صوفہ

plorera
گلدان

remote control
ریموٹ کنٹرول

karpet

قالین

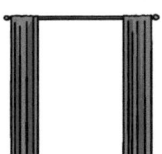

kurtina

پردے

mesa

میز

silya

گرسی

tumba-tumba

ہلنےوالی گرسی

sandalan

آرام گرسی

aklat

کتاب

kumot

کمبل

dekorasyon

آرائش

kahoy na panggatong

جلانےکی لکڑی

pelikula

فلم

hi-fi

ہائی فائی

susi

چابی

dyaryo

اخبار

pinta

پینٹنگ

poster

پوسٹر

radyo

ریڈیو

kuwaderno

نوٹ بُک

vacuum cleaner

ویکیوم کلینر

kaktus

کیکٹس

kandila

موم بتی

kusina

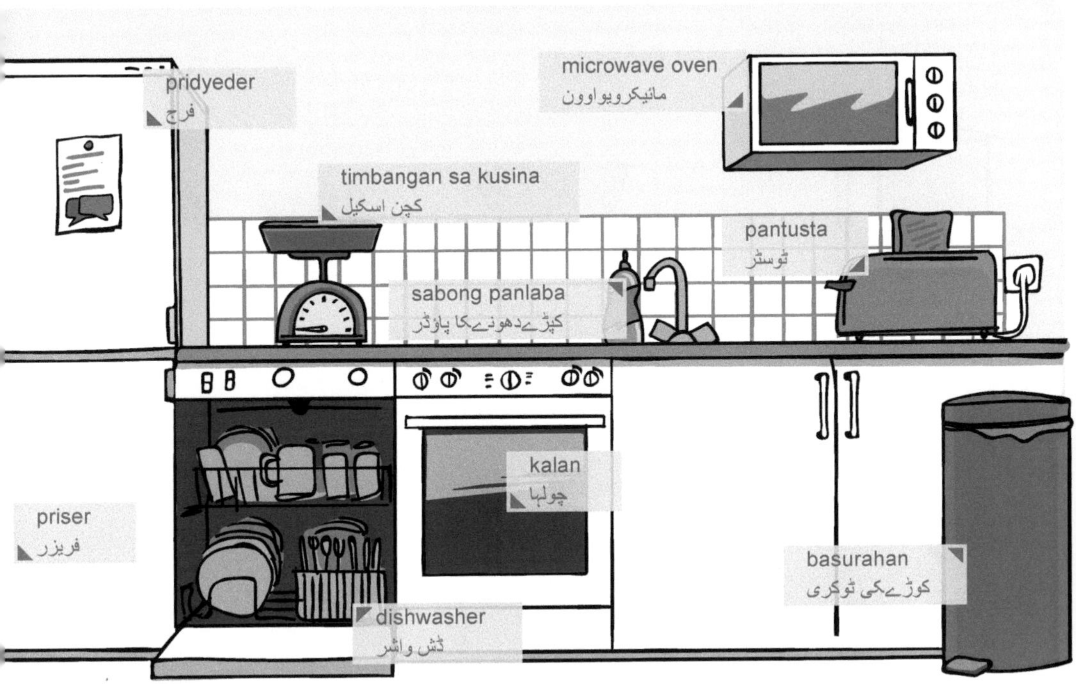

pridyeder
فرج
microwave oven
مائیکروویواوون
timbangan sa kusina
کچن اسکیل
pantusta
ٹوسٹر
sabong panlaba
کپڑےدھونےکا پاؤڈر
kalan
چولہا
priser
فریزر
basurahan
کوڑےکی ٹوکری
dishwasher
ڈش واشر

lutuan
ککر

kaldero
برتن

kalderong bakal
لوہےکا برتن

wok / kadai
کڑاہی

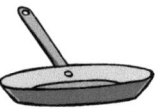

kawali
برتن

takore
کیتلی

pasingawan

اسٹیمر

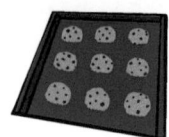

bandehado sa paghuhurno

بیکنگ ٹرے

babasagin

کراکری

mug

مگ

mangkok

پیالہ

sipit ng intsik

چاپ اسٹکس

sandok

ڈوئی

spatula

کفچہ

pampalis

جھاڑودینا

pansala

مقطر

salaan

چھلنی

pangkayod

گریٹر

almires

کونڈی

barbikyo

باربی کیو

siga

کھُلی آگ

tadtaran

چاپنگ بورڈ

rodilyo

بیلن

tribuson

کارک اسکریو

lata

کین

pambukas ng lata

کین اوپنر

panghawak ng kaldero

برتن پکڑنےوالا کپڑا

lababo

سنک

bras

برش

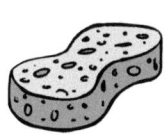

espongha

اسپونج

blender

بلینڈر

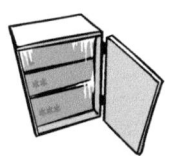

malalim na freezer

ڈیپ فریز

bote ng sanggol

بچےکی بوتل

gripo

ٹونٹی

palikuran

غُسل خانہ

pampainit
shower
شاور
tuwalya
تولیہ
kurtina sa shower
شاورکرٹن
bubble bath
ببل باتھ
banyera
باتھ ٹب
baso
شیشہ
washing machine
واشنگ مشین
gripo
ٹونٹی
tiles
ٹائلیں
arinola
پاٹی
lababo
سنک

banyo

ٹائلٹ

squat toilet

دوزانوں بیٹھنےوالی ٹائلٹ

bidet

نچلاحصہ دھونےکیلئےپاٹ

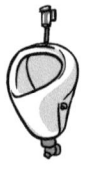

ihian

پیشاب گاہ

toilet paper

ٹائلٹ پیپر

iskoba sa banyo

ٹائلٹ برش

sipilyo

ٹوتھ برش

tutpeyst

ٹوتھ پیسٹ

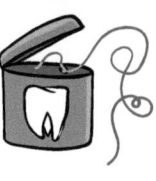

dental floss

ڈینٹل فلاس

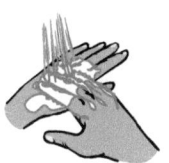

hugasan

دھونا

shower na hinahawakan

ہینڈ شاور

dutsa

شاور

palanggana

بیسن

bras panlikod

بیک برش

sabon

صابن

shower gel

شاورجل

shampoo

شیمپو

pranela

فلالین

paagusan

ڈرین

krema

کریم

deodorant

ڈیوڈورنٹ

salamin

آئینہ

salaming hinahawakan

ہاتھ میں پکڑا جانےوالا آئینہ

pang-ahit

ریزر

bulang pang-ahit

شیونگ فوم

aftershave

آفٹرشیو

suklay

کنگھی

brush

برش

pantuyo ng buhok

ہیئرڈرائر

sprey sa buhok

ہیئراسپرے

makeup

میک اپ

lipistik

لپ اسٹک

pampakintab ng kuko

نیل وارنش

bulak na lana

روئی

panggupit ng kuko

ناخن کاٹنےکی قینچی

pabango

پرفیوم

washbag

واش بیگ

stool

پاخانہ

timbangan

وزن کرنےکی مشین

bata

باته روب

gomang guwantes

ربڑکےدستانے

tampon

ٹیمپون

malinis na tuwalya

سینیٹری ٹاول

chemical toilet

کیمیکل ٹائلٹ

silid ng bata

بچوں کا کمرہ

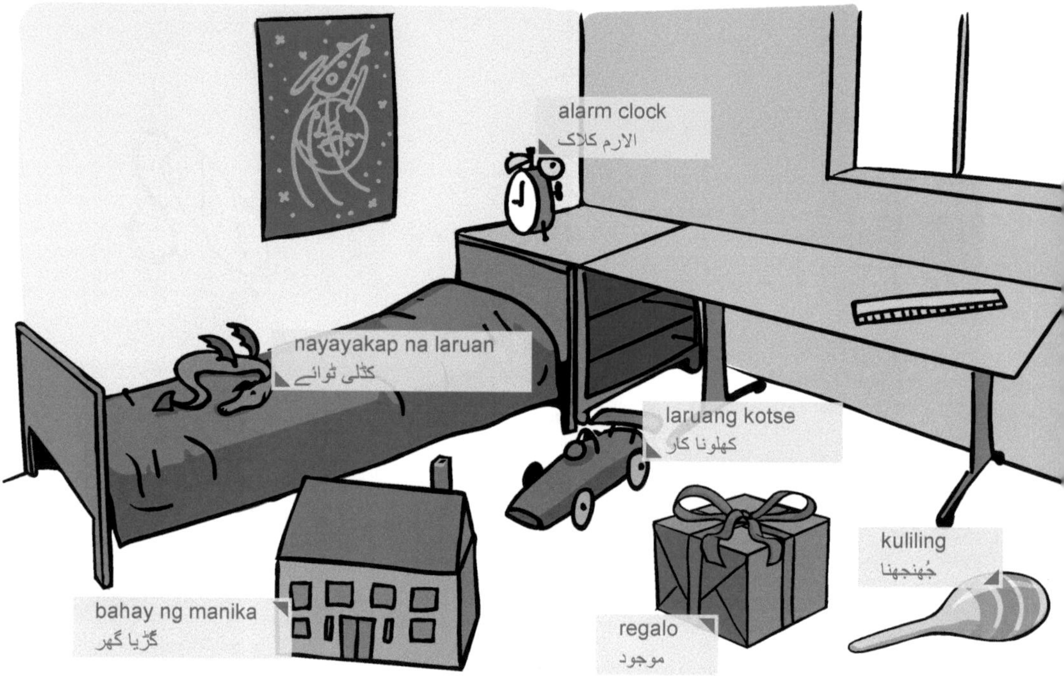

alarm clock
الارم کلاک
nayayakap na laruan
کڈلی ٹوائے
laruang kotse
کھلونا کار
kuliling
جُھنجھنا

lobo

غبارہ

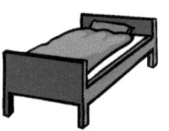

higaan

بستر

pram

پرام

hanay ng mga baraha

ڈیک آف کارڈز

jigsaw

جگسا

komiks

کامک

lego bricks

لیگوبرکس

blokeng laruan

کھلونا بلاکس

action figure

ایکشن فگر

paglaki ng sanggol

بچے کا لباس

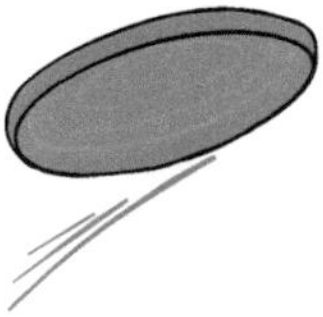

frisbee

فرسبی

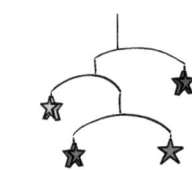

mobile

کھلونا موبائل

board game

بورڈ گیم

dice

ڈائس

model train set

ماڈل ٹرین سیٹ

manikin

ڈمی

salu-salo

پارٹی

aklat ng mga litrato

تصاویر والی کتاب

bola

گیند

manika

گڑیا

maglaro

کھیلنا

tibagan ng buhangin

سینڈ پٹ

duyan

جھولا جھولنا

mga laruan

کھلونے

video game console

وڈیوگیم کنسول

traysikel

تین پہیوں والی سائیکل

teddy bear

ٹیڈی بیئر

aparador

کپڑوں کی الماری

pananamit

لباس

medyas

موزے

stockings

اسٹاکنگز

pampitis

ٹائٹس

44 pananamit - لباس

bandana
اسکارف

sinturon
بیلٹ

payong
چھتری

t-shirt
ٹی شرٹ

bota
بوٹ

tsinelas
سلیپر

sneakers
اسنیکرز

sandalyas
سینڈل

sapatos
جوتے

botang degoma
ربڑ کے بوٹس

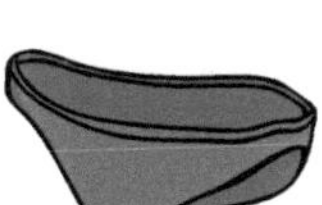

salawal
زیر جامہ

bra
بریزئیر

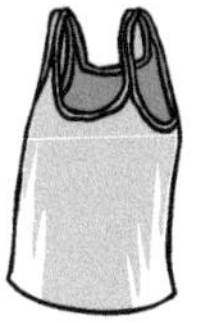

tsaleko
واسکٹ

katawan

جسم

pantalon

پتلون

jeans

جینز

palda

اسکرٹ

blusa

بلاؤز

kamiseta

قمیض

pullover

پُل اوور

panlamig

سویٹر

blazer

بلیزر

diyaket

جیکٹ

kapa

کوٹ

kapote

رین کوٹ

kasuotan

کوئی خاص لباس

bistida

لباس

damit pangkasal

شادی کا لباس

terno

سوٹ

damit pantulog

نائٹ گاؤن

padyama

پائجامہ

sari

ساڑھی

bandana sa ulo

سرپرلیا جانےوالا اسکارف

turban

پگڑی

burka

بُرقع

kaftan

کفتان

abaya

عبایہ

panlangoy

تیراکی کا سوٹ

trunks

ٹرنک

salawal

نیکر

tracksuit

ٹریک سوٹ

apron

اپرن

guwantes

دستانے

butones

بٹن

salamin

عینک

pulseras

کنگن

kuwintas

ہار

singsing

انگوٹھی

hikaw

کانوں کی بالیاں

takip

ٹوپی

sabitan ng kapa

کوٹ ہینگر

sombrero

ہیٹ

kurbata

ٹائی

siper

زپ

helmet

ہیلمٹ

tirante

بریسز

uniporme sa paaralan

سکول یونیفارم

uniporme

وردی

bibero

ب‍ب

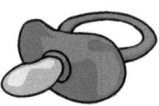

manikin

ڈمی

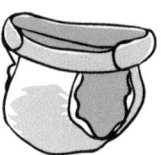

lampin

نیپی

opisina

دفتر

server
سرور
kabinet ng file
فائلوں کی الماری
printer
پرنٹر
papel
کاغذ
monitor
مانیٹر
mesa
میز
mouse
ماؤس
polder
فولڈر
keyboard
کی بورڈ
upuan
basurahan ng papel
ویسٹ پیپرباسکٹ
kompyuter
کمپیوٹر

tasa ng kape

کافی مگ

calculator

کیلکولیٹر

internet

انٹرنیٹ

laptop

لیپ ٹاپ

sulat

خط

mensahe

پیغام

mobile

موبائل

network

نیٹ ورک

photocopier

فوٹوکاپئیر

software

سافٹ ویئر

telepono

ٹیلی فون

saksakan

پلگ ساکٹ

fax machine

فیکس مشین

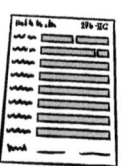

anyo

فارم

dokumento

دستاویز

bumili

خریدنا

magbayad

ادائیگی کرنا

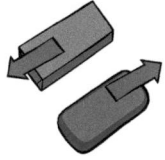

ikalakal

تجارت کرنا

pera

رقم

dolyar

ڈالر

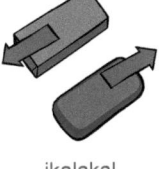

euro

یورو

yen

ین

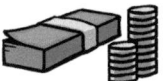

rublo

روبل

swiss franc

سوئس فرانک

renminbi yuan

رینمنبی یوآن

rupee

روپیہ

cash point

کیش پوائنٹ

tanggapan ng palitan ng pera
رقم تبدیل کرانے کیلئے دفتر

ginto
سونا

tanso
چاندی

langis
خام تیل

enerhiya
توانائی

presyo
قیمت

kontrata
معاہدہ

buwis
ٹیکس

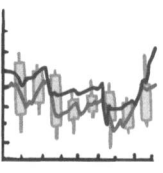

stock
اسٹاک

trabaho
کام کرنا

empleyado
ملازم

taga-empleyo
آجر

pabrika
فیکٹری

tindahan
دکان

opisyal ng opisyal
پولیس افسر
bombero
فائرمین
tagapagluto
خانساماں، کُک
doktor
ڈاکٹر
piloto
پائلٹ

hardinero

مالی

karpentero

ترکھان

mananahi

درزن

hukom

جج

kemiko

کیمسٹ

aktor

اداکار

tsuper ng bus

بس ڈرائیور

tsuper ng taxi

ٹیکسی ڈرائیور

mangingisda

مچھیرا

tagapaglinis

صفائی کرنےوالی عورت

tagapagkabit ng bubong

چھت بنانےوالا

waiter

ویٹر

mangangaso

شکاری

pintor

پینٹر

panadero

بیکر

elektrisyan

الیکٹریشین

tagapagtayo

بلڈر

inhinyero

انجینئیر

magkakarne

قصائی

tubero

پلمبر

kartero

ڈاکیا

sundalo

....

سپاہی

arkitekto

....

آرکیٹیکٹ

kahera

....

کیشئیر

magtitinda ng bulaklak

....

پھول بیچنے والا

mangugupit

....

نائی

konduktor

....

کنڈکٹر

mekaniko

....

مکینک

kapitan

....

کپتان

dentista

....

ڈینٹسٹ

siyentipiko

....

سائنسدان

rabbi

....

یہودی عالم

imam

....

امام

monghe

....

راہب

klero

....

پادری

mga kagamitan

اوزار

plais
پلائرز
martilyo
ہتھوڑا
distornilyador
پیچ کس
tanglaw
ٹارچ
lyabe
رینچ

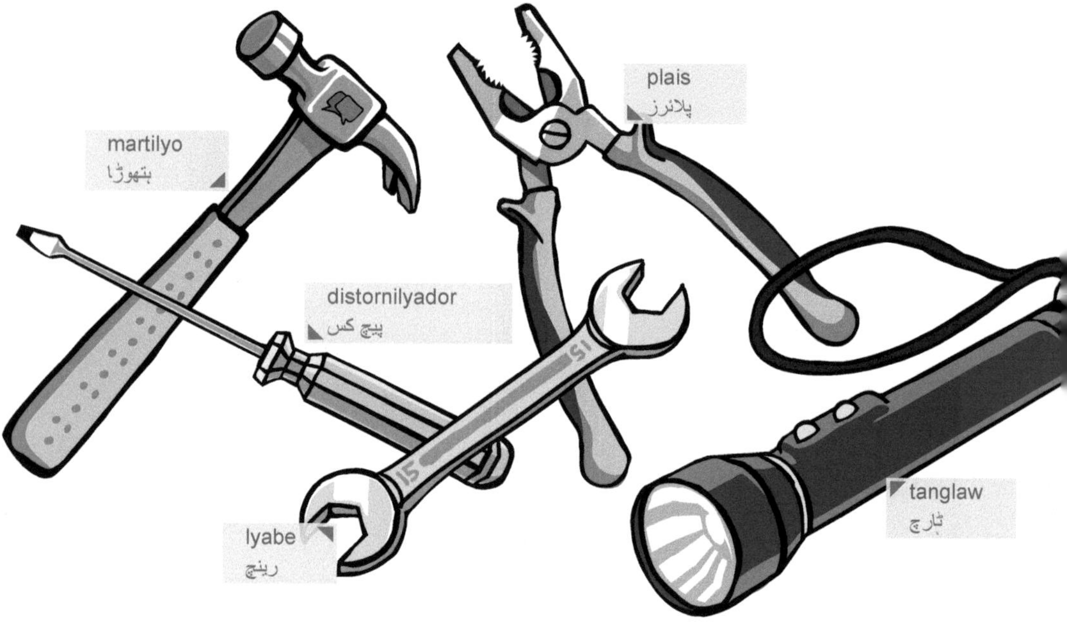

panghukay

ایکسکویٹر

toolbox

ٹول باکس

hagdan

سیڑھی

lagari

آری

mga pako

کیل

pambutas

ڈرل

kumpunihin

مرمت کرنا

pala

بیلچہ

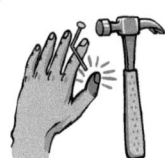

Kainis!

لعنت ہو!

pandakot

ڈسٹ پین

palayok ng pintura

پینٹ پاٹ

mga tornilyo

پیچ

mga pangmusikang instrumento

آلات موسیقی

loud speaker
لاؤڈ اسپیکر

drumset
ڈرم سیٹ

gitara
گٹار

double bass
ڈبل باس

trumpeta
بگل

piyano

پیانو

biyolin

وائلن

bass

موسیقی کی آواز

timpani

ٹمپانی

mga drum

ڈھول، ڈرمز

keyboard

کی بورڈ

saksopon

سیکسوفون

plauta

بانسری

mikropono

مائیکروفون

چڑیا گھر

tigre
چیتا

hawla
پنجرہ

sebra
زیبرا

pakain sa hayop
جانوروں کا چارہ

pasukan
داخلے کا راستہ

panda
پانڈا

mga hayop

جانور

elepante

ہاتھی

kanggaro

کینگرو

rhino

گینڈا

gorilya

گوریلا

oso

ریچھ

kamelyo

اونٹ

ostrich

شُترمُرغ

leon

شیر

unggoy

بندر

flamingo

فلیمنگو

loro

طوطا

polar bear

قطبی ریچھ

penguin

کبوتر

pating

شارک

paboreal

مور

ahas

سانپ

buwaya

مگرمچھ

tagapag-alaga ng zoo

چڑیا گھر کا محافظ

seal

سیل

jaguar

امریکی تیندوا

buriko

ٹٹو

leopardo

چیتا

hipo

دریائی گھوڑا

dyirap

زرافہ

agila

عقاب

bulugan

سؤر

isda

مچھلی

pagong

کچھوا

walrus

سمندری گھوڑا

soro

لومڑی

gasel

غزال ہرن

isports
کھیلیں

Amerikanong putbol
امریکن فٹ بال
pamimisikleta
سائیکلنگ
tennis
ٹینس
basketbol
باسکٹ بال
paglalangoy
پیراکی
boksing
باکسنگ
ice-hockey
آئس ہاکی

soccer

فٹ بال

badminton

بیڈمنٹن

atletiks

اتھلیٹکس

handball

ہینڈ بال

skiing

اسکیئنگ

polo

پولو

tumawa
ہنسنا

malon
چھلانگ لگا

yakapin
گلے لگانا

lumakad
چلنا

kumanta
گانا

mangarap
خواب دیکھنا

magdasal
دُعا کرنا

halikan
چُومنا

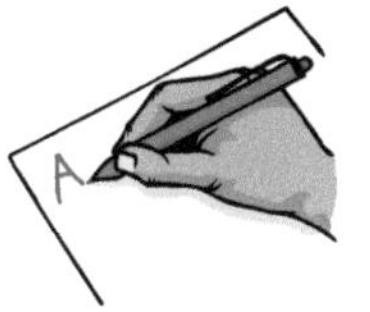

sumulat

لکھنا

gumuhit

تصویرکشی کرنا

ipakita

دکھانا

itulak

آگے کی طرف دھکیلنا

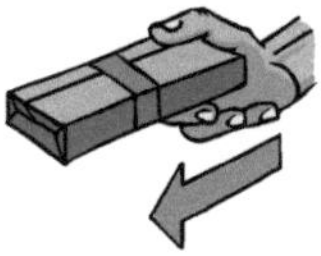

magbigay

دینا

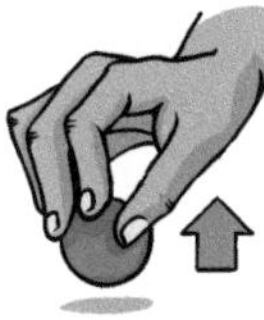

kunin

لینا

magkaroon

رکھنا

gawin

کرنا

maging

ہونا

tumayo

کھڑا ہونا

tumakbo

دوڑنا

hilahin

کھینچنا

itapon

پھینکنا

malaglag

گرنا

mahiga

جھوٹ بولنا

hintayin

انتظارکرنا

dalhin

اُٹھانا

umupo

بیٹھنا

magbihis

ملبوس ہونا

matulog

سونا

gumising

جاگنا

tumingin

دیکھنا

umiyak

رونا

estilo

چوٹ لگانا

magsuklay

کنگھی کرنا

magsalita

بات کرنا

intindihin

سمجھنا

magtanong

پوچھنا

makinig

مُتوجہ ہونا

uminom

پینا

kumain

کھانا

linisin

صاف کرنا

mahal

پیار کرنا

magluto

پکانا

magmaneho

گاڑی چلانا

lumipad

اُڑنا

maglayag

بحری سفرکرنا

kalkulahin

شماركريں

basahin

پڑھنا

matuto

سیکھنا

trabaho

کام کرنا

pakasalan

شادی کرنا

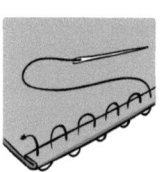

tahiin

سینا

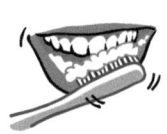

magsipilyo ng ngipin

دانت صاف کرنا

patayin

جان سےماردینا

manigarilyo

تمباکونوشی کرنا

magpadala

بھیجنا

lola
دادی

lolo
دادا

ama
باپ

ina
ماں

sanggol
طفل

anak na babae
بیٹی

anak na lalaki
بیٹا

panauhin

مہمان

tiya

چچی

tiyo

چچا

kuya

بھائی

ate

بہن

katawan

جسم

noo
ماتھا
mata
آنکھ
mukha
چہرہ
baba
ٹھوڑی
daliri
اُنگلی
kamay
ہاتھ
suso
چھاتی
bisig
بازو
balikat
کندھا
binti
ٹانگ

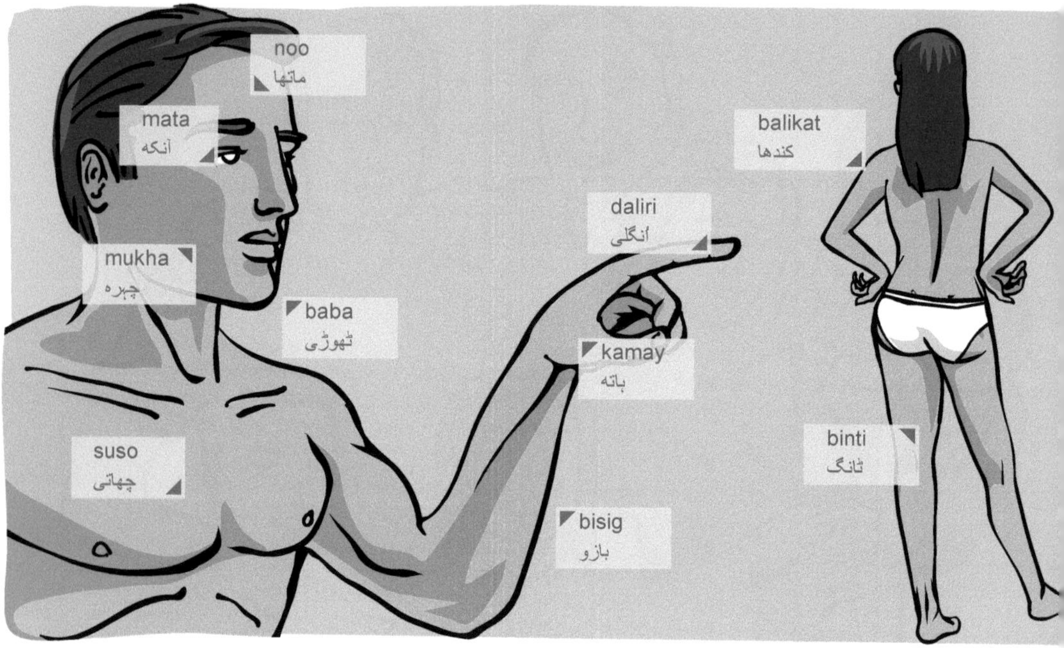

sanggol

طفل

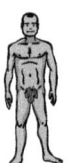

lalaki

آدمی

babae

عورت

batang babae

لڑکی

batang lalaki

لڑکا

ulo

سر

likod

کمر

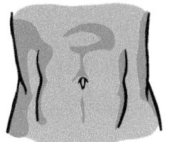

tiyan

پیٹ

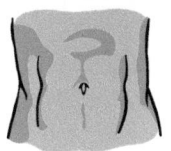

pusod

ناف

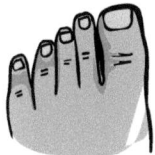

daliri ng paa

پاؤں کا انگوٹھا

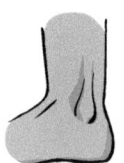

takong

ایڑھی

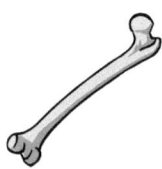

buto

ہڈی

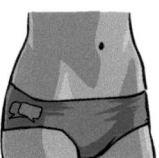

balakang

کولہا

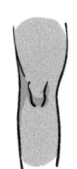

tuhod

گھٹنا

siko

کہنی

ilong

ناک

gitna

نچلا حصہ

balat

جلد

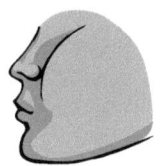

pisngi

گال

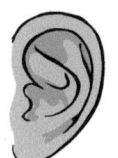

tainga

کار

labi

ہونٹ

bibig

مُنہ

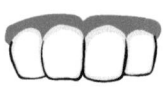

ngipin

دانت

dila

زُبان

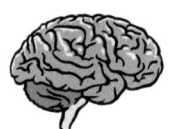

utak

دماغ

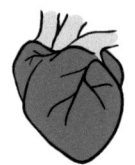

puso

دل

kalamnan

پٹھہ

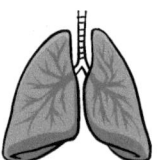

baga

پھیپھڑا

atay

جگر

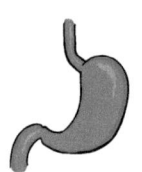

sikmura

معدہ

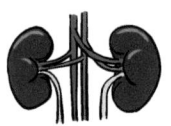

mga bato

گردے

pagtatalik

جنس

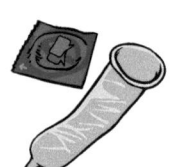

kondom

کنڈوم

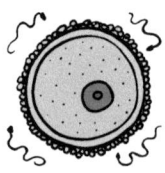

obyum

بیضہ

semen

مادہ منویہ

pagbubuntis

حمل

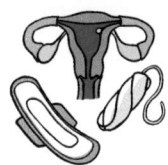

pagreregla

حیض

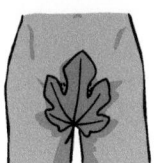

vagina

أندام نهانی

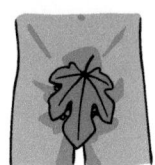

ari ng lalaki

عضوتناسل

kilay

بھنویں

buhok

بال

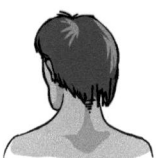

leeg

گردن

ospital
ہسپتال

ہسپتال
ambulansiya
ایمبولینس
wheelchair
وہیل چیئر
bali
ہڈی ٹوٹنا

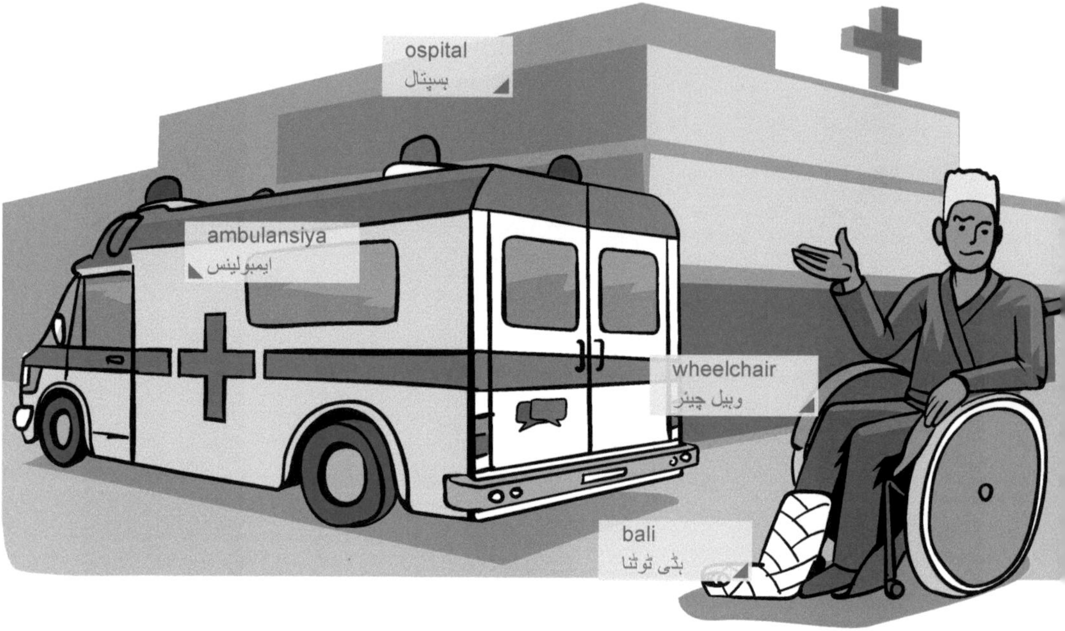

doktor

ڈاکٹر

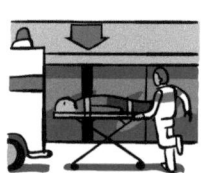

silid pang-emergency

ہنگامی کمرہ

nars

نرس

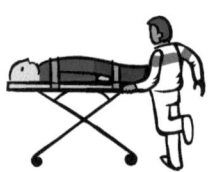

emerhensiya

ہنگامی صورتحال

walang malay

بےہوش

pananakit

درد

pinsala

زخم

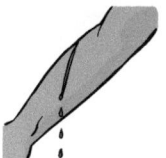

nagdurugo

خون بہنا

atake sa puso

دل کا دورہ

atake serebral

فالج

alerdye

الرجی

ubo

کھانسی

lagnat

بخار

trangkaso

زکام

pagdudumi

اسہال

sakit ng ulo

سردرد

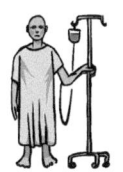

kanser

کینسر

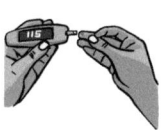

diyabetis

ذیابیطس

siruhano

سرجن

iskalpel

نشتر

operasyon

آپریشن

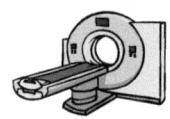

CT

سی ٹی

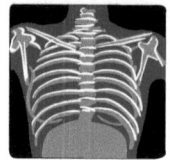

x-ray

ایکس رے

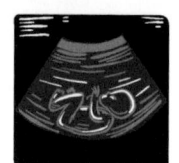

ultrasound

الٹراساؤنڈ

maskara sa mukha

چہرے کا نقاب

sakit

بیماری

silid-antayan

انتظارگاہ

saklay

بیساکھی

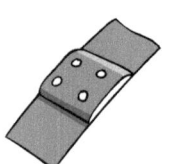

plaster

پلاسٹر

benda

پٹی

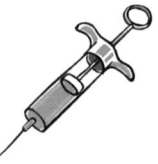

iniksyon

انجکشن

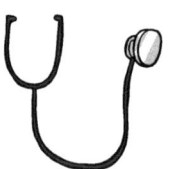

istetoskopyo

اسٹیتھواسکوپ

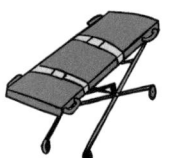

estretser

اسٹریچر

klinikal na termometro

مطبی تھرما میٹر

pagsilang

پیدائش

labis sa timbang

حد سےزیادہ وزن

hearing-aid

آلہ سماعت

pang-disimpekta

جراثیم کش

impeksyon

انفیکشن

bayrus

وائرس

HIV / AIDS

ایچ آئی وی/ ایڈز

medisina

دوا

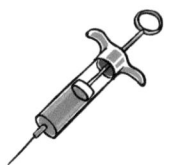

bakuna

ویکسی نیشن

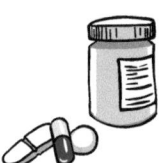

mga tableta

گولیاں

tabletas

گولی

emergency na tawag

ہنگامی کال

pagmamatyag sa presyon ng dugo

بلڈ پریشرمانیٹر

may sakit / malusog

بیمار / صحتمند

Tulong!

مدد!

alarma

الارم

asulto

مُجرمانہ حملہ

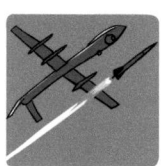

atake

حملہ

panganib

خطرہ

labasang pang-emergency

ہنگامی راستہ

Sunog!

آگ!

fire extinguisher

آگ بُجھانے والہ آلہ

aksidente

حادثہ

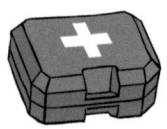

kagamitan sa paunang lunas

ابتدائی طبی امداد کی کٹ

SOS

ایس او ایس

pulis

پولیس

Europa

يورپ

Hilagang Amerika

شمالی امریکہ

Timog Amerika

جنوبی امریکہ

Aprika

افریقہ

Asya

ایشیا

Australia

آسٹریلیا

Atlantika

بحراوقیانوس

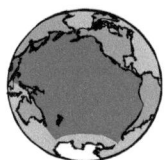

Pasipiko

بحرالکاہل

Dagat Indiano

بحرہند

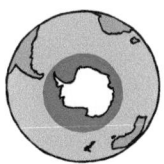

Dagat Antarktika

بحرقُطب جنوبی

Dapat Arktika

بحرقُطب شمالی

Hilagang polo

قُطب شمالی

Timog polo

قُطب جنوبی

Antartika

انٹارکٹیکا

mundo

زمین

lupa

زمین

dagat

سمندر

isla

جزیرہ

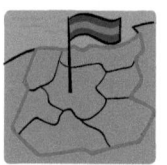

bansa

قوم

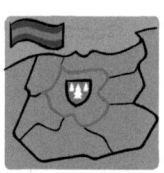

estado

ریاست

mundo - زمین

orasan

کلاک

mukha ng orasan

کلاک کا سامنےکا حصہ

orasang kamay

گھنٹوں والی سوئی

minutong kamay

منٹوں والی سوئی

segundong kamay

سیکنڈ ہینڈ

Anong oras na?

کیا وقت ہوا ہے؟

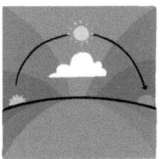

araw

دن

oras

وقت

ngayon

اب

digital na relo

ڈیجیٹل گھڑی

minuto

منٹ

oras

گھنٹہ

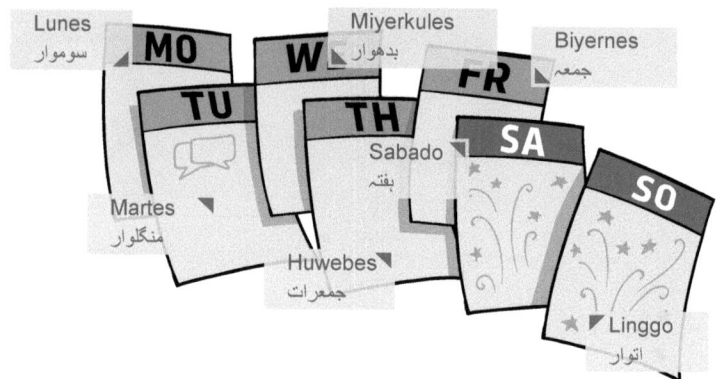

Lunes سوموار
MO

Miyerkules بدھوار
W

Biyernes جمعہ
FR

TU

TH

SA

Martes منگلوار

Sabado ہفتہ

SO

Huwebes جمعرات

Linggo اتوار

kahapon

گزرا کل

ngayon

آج

bukas

کل

umaga

صبح

tanghali

دوپہر

gabi

شام

MO	TU	WE	TH	FR	SA	SU
1	2	3	4	5	6	7
8	9	10	11	12	13	14
15	16	17	18	19	20	21
22	23	24	25	26	27	28
29	30	31	1	2	3	4

mga araw ng negosyo

کاروباری دن

MO	TU	WE	TH	FR	SA	SU
1	2	3	4	5	6	7
8	9	10	11	12	13	14
15	16	17	18	19	20	21
22	23	24	25	26	27	28
29	30	31	1	2	3	4

katapusan ng linggo

ہفتے کا اختتام

taon

سال

ulan
بارش
bahaghari
قوس قزح
niyebe
برف
hangin
ہوا
tagsibol
بہار
taglagas
خزاں
tag-init
موسم گرما
taglamig
موسم سرما

4.APRIL 11°
5.APRIL 4°
6.APRIL 13°
7.APRIL 8°
8.APRIL 10°

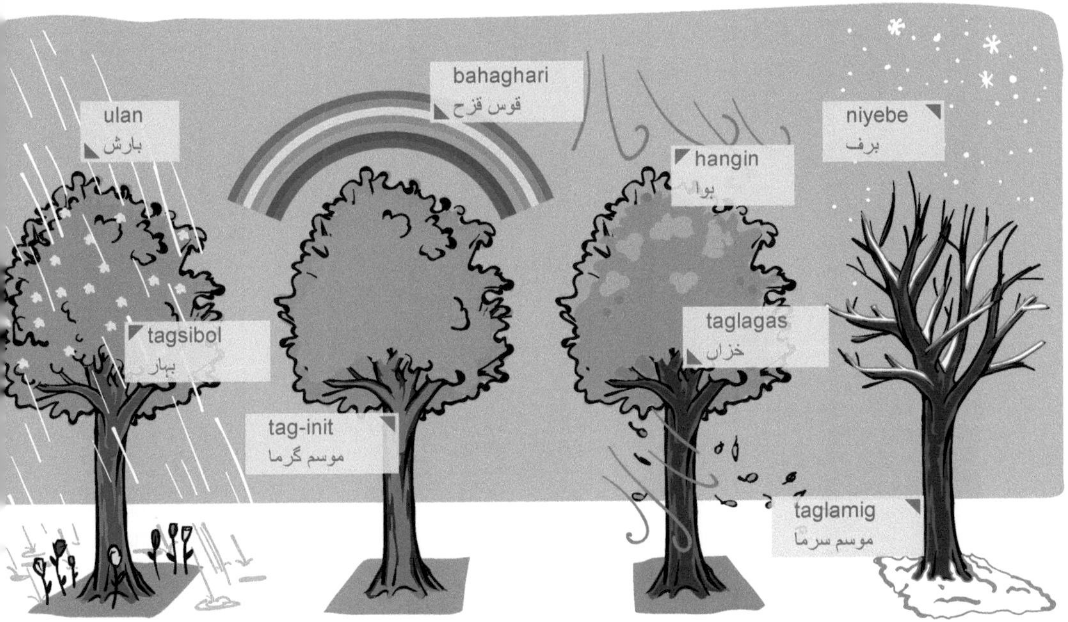

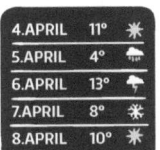

lagay ng panahon

موسمی پیش گوئی

F
C
120
90
60
30
0
-30
40
30
20
10
0
-10
-20

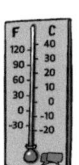

termometro

تھرما میٹر

sikat ng araw

دھوپ

ulap

بادل

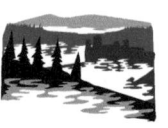

hamog

دُھند

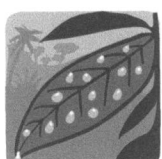

kahalumigmigan

حبس

kidlat

بجلی کوندھنا

kulog

بادلوں کی گرج

bagyo

طوفان

may yelong ulan

ژالہ باری

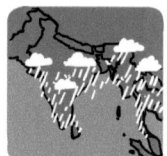

tag-ulan

مون سون

pagkain

سیلاب

yelo

برف

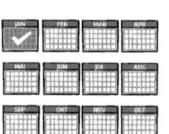

Enero

جنوری

Pebrero

فروری

Marso

مارچ

Abril

اپریل

Mayo

مئی

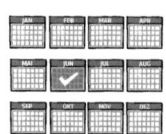

Hunyo

جون

Hulyo

جولائی

Agosto

اگست

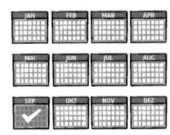

Setyembre

ستمبر

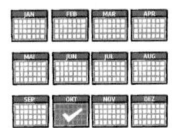

Oktubre

اكتوبر

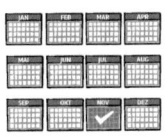

Nobyembre

نومبر

Disyembre

دسمبر

mga hugis

اشكال

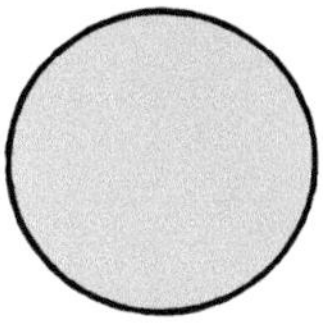

bilog

دائره

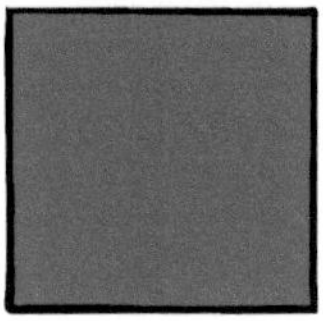

parisukat

چوكور

rektanggulo

مُستطيل

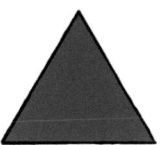

tatsulok

تكون

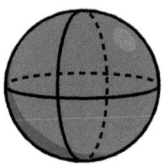

pabilog

گره

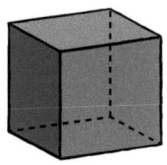

kyub

مكعب

mga kulay

رنگ

puti

سفید

dilaw

پیلا

kahel

نارنجی

rosas

گلابی

pula

سُرخ

ube

جامنی

asul

نیلا

berde

سبز

brown

بھورا

grey

مٹیالا

itim

سیاہ

magkasalungat
مخالف

marami / kakaunti

بہت زیادہ / بہت کم

takot / kalmado

ناراض / پُرسکون

maganda / pangit

خوبصورت / بدصورت

simula / katapusan

آغاز / اختتام

malaki / maliit

بڑا / چھوٹا

matingkad / madilim

روشن / اندھیرا

kuya / ate

بھائی / بہن

malinis / madumi

صاف / گندا

kumpleto / kulang

مکمل / نامکمل

araw / gabi

دن / رات

patay / buhay

زندہ / مُردہ

malawak / makipot

چوڑا / تنگ

nakakain / hindi nakakain

کھانے کے قابل ہونا / کھانے کے قابل نہ
ہونا

masama / mabuti

بُرا / اچھا

nakakatuwa / nakakainip

پُرجوش / بوریت کا شکار

mataba / payat

موٹا / دُبلا

una / huli

پہلا / آخری

kaibigan / kaaway

دوست / دُشمن

puno / walang laman

بھرا ہوا / خالی

matigas / malambot

سخت / نرم

mabigat / magaan

بوجھل / ہلکا

gutom / uhaw

بھوک / پیاس

may sakit / malusog

بیمار / صحتمند

ilegal / legal

غیرقانونی / قانونی

matalino / tanga

عقلمند / بیوقوف

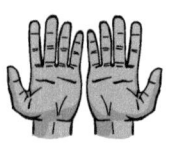

kaliwa / kanan

بائیں / دائیں

malapit / malayo

نزدیک / دور

bago /gamit na

نیا / پُرانا

wala /mayroon

کچه نہیں / کچه ہے

matanda / bata

بوڑھا / نوجوان

naka-on / naka-off

آن / آف

bukas / sarado

کُھلا / بند

tahimik / maingay

خاموش / بُلند آواز

mayaman / mahirap

امیر / غریب

tama / mali

ٹھیک / غلط

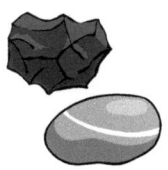

magaspang / makinis

کھُردرا / ہموار

malungkot / masaya

افسرده / خوش

maikli / mahaba

مُختصر / طویل

mabagal / mabilis

آہستہ / تیز

basa / tuyo

گیلا / خُشک

maligamgam / malamig

گرم / ٹھنڈا

digmaan / kapayapaan

جنگ / امن

mga numero

اعداد

0	1	2
sero	isa	dalawa
صفر	ایک	دو

3	4	5
tatlo	apat	lima
تین	چار	پانچ

6	7	8
anim	pito	walo
چه	سات	آٹھ

9	10	11
siyam	sampu	labing-isa
نو	دس	گیاره

12

labindalawa

باره

13

labintatlo

تیره

14

labing-apat

چوده

15

labinlima

پندره

16

labing-anim

سولہ

17

labimpito

ستره

18

labing-walo

اٹھاره

19

labinsiyam

أنيس

20

dalawampu

بیس

100

daan

سو

1.000

libo

ہزار

1.000.000

milyon

دس لاکه

mga wika

زبانیں

Ingles

انگریزی

Amerikan na Ingles

امریکی انگریزی

Tsinong Mandarin

چینی مینڈارین

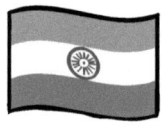

Hindi

ہندی

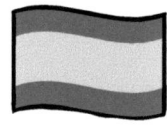

Espanyol

ہسپانوی

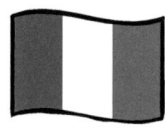

Pranses

فرانسیسی

Arabe

عربی

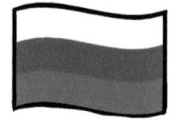

Ruso

روسی

Portuges

پُرتگالی

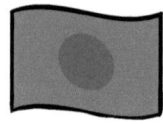

Bengali

بنگالی

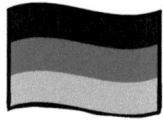

Aleman

جرمن

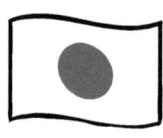

Hapon

جاپانی

sino / ano / paano

کون / کیا / کیسے

ako

میں

ikaw

تم

siya / siya / ito

وہ (لڑکا) / وہ (لڑکی) / یہ

kami

ہم

ikaw

تم

sila

وہ

sino?

کون؟

ano?

کیا؟

paano?

کیسے؟

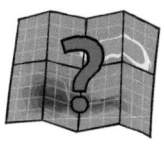

saan?

کہاں؟

kailangan?

کب؟

pangalan

نام

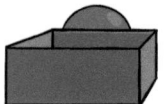

saan

کہاں

likuran

پیچھے

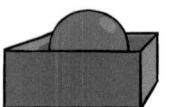

saan

میں

sa harap ng

کے سامنے

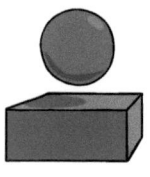

itaas

اوپر

sa

پر

ilalim

نیچے

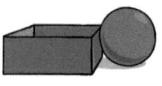

katabi

ساتھ

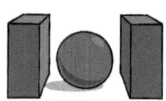

pagitan

درمیان

lugar

جگہ